10/86

D1324812

En ta présence le soir

EN TA PRÉSENCE
LE SOIR

Introduction
par un moine bénédictin

ÉDITIONS SAINT-PAUL • PARIS – FRIBOURG

1986

© 1986 Editions Saint-Paul, 6 rue Cassette, 75006 Paris.
ISBN 2-85049-354-6

INTRODUCTION

Le monachisme est une réalité tellement riche qu'il peut et doit s'exprimer de façon plurielle: au cœur des grandes villes, dans nos campagnes, aux sources du Gange, soit sous la forme cénobitique, soit sous la forme érémitique.

Ce livre s'inscrit dans le contexte d'un renouveau très précis dans l'Eglise. Il s'agit du renouveau érémitique, inauguré vers les années 1950 par plusieurs moines, au premier rang desquels nous placerions volontiers le Père Jacques Winandy, ancien abbé bénédictin de l'abbaye de Clervaux, au Grand Duché de Luxembourg.

Ce dernier a eu l'occasion d'écrire le fruit de son expérience dans «*Petit manuel de vie érémitique*». polycopié, sans lieu ni date, mais réédité aux Editions de Bellefontaine en 1976, sous le titre: «*Vie érémitique, essai d'initiation*» (Vie monastique n° 6).

Dom Chenevière, ancien abbé trappiste, faisait paraître chez Martingay, éditeur à Genève: «*L'ermitage*», 1969, puis «*Les portes du silence*», 1970.

Quelques temps après nous avons eu la publication de témoignages d'ermites, préfacée par le Cardinal Journet et recueillis par Sœur Marie Le Roy Ladurie (Saint-Paul, 1971), sous le titre « *Femmes au désert* ».

Voici qu'aujourd'hui ces mêmes éditions nous proposent « *En ta présence le soir* » par un laïc qui vit depuis de longues années en solitude, seul à seul, avec le Seigneur.

Son livre est simple, parce que l'érémitisme ne supporte pas la complication spirituelle. On y trouve un climat de liberté qu'il fait bon respirer, alors que groupes et communautés risquent d'être fort « pesants », pour certains tempéraments.

Vu le progrès de la conscience ecclésiale, ce renouveau érémitique ne rend pas ses adeptes étrangers à la dimension apostolique d'une telle vie « pour Dieu seul ». L'ermite d'aujourd'hui — tout au moins certains d'entre eux — communique, il veut aider ses frères, faire bénéficier les autres de ce qu'il trouve dans sa solitude. N'était-ce pas le sens du livre du Frère Marcel Driot, ermite de la Pierre qui Vire, dans « *Devenir prière, une vie d'ermite* », (Nouvelle Cité, 1984) et celui du moine ermite, auteur de « *Gardez vos lampes allumées* » et « *une lumière sur ma route* » (Saint-Paul, 1984, 1986) ?

En rappelant ces parutions, nous ne cherchons pas à être exhaustif, mais à situer l'ouvrage que nous présentons au public.

Vous essayez de prier ?
Un ermite aussi.
Il souhaite vous aider.

Rassurez-vous, ces pages sont claires, limpides comme l'eau de la source, comme l'air de la montagne. On sent une atmosphère de grande rectitude, de silence confiant, d'attente paisible. Il ne s'agit pas de haute contemplation qui accompagnerait une longue oraison, mais d'entretiens cordiaux avec Jésus. Aussi, ces méditations conviennent aussi bien à un jeune qu'à une personne du troisième âge, à un noviciat qu'à un prêtre, puisqu'un seul mot les résume : simplicité. Elles sont à lire lentement, à dose homéopathique. Il faut consommer une granule chaque jour.

L'important est de ne pas interrompre le traitement, mais d'aller jusqu'au bout de la lecture. Il faut s'arrêter entre chaque paragraphe, peut-être entre chaque phrase et écouter « l'appel du dedans » : « le Seigneur est là et il t'appelle. » Puissions-nous répondre avec saint Augustin :

« Tu m'as parlé, Seigneur, et j'ai entendu comme on entend dans son cœur. »

Un moine bénédictin,
auteur de *« Flammes de Yahvé »*.

Le soir dispose l'âme au recueillement. Jésus le savait qui souvent se retirait à cette heure-là dans la solitude pour vivre plus intensément sous le regard du Père. A sa suite, dans nos temps de prière silencieuse laissons-nous gagner par Dieu: il nous a faits ses vis-à-vis et nous découvre son visage. Laissons-nous aussi nous éprendre de Jésus lui-même: depuis sa résurrection, son amitié est offerte à chacun.

Nous savons beaucoup sur Dieu et son Christ, que leurs visages dévoilés captivent nos esprits et nos cœurs.

Les pages de ce recueil de méditations fournissent les premiers mots pour une rencontre avec eux; à chacun de la poursuivre avec ses propres mots ou dans le silence contemplatif.

TA PRÉSENCE BÉNIE

« Moïse dit à Yahvé :
Fais-moi de grâce voir ta gloire.
Et Yahvé lui répond :
Je ferai passer devant toi
ma gloire
et je prononcerai mon nom.
Cependant
tu ne peux voir ma face. »
Exode 33,18

« Nul n'a jamais vu Dieu ;
le Fils qui est tourné
vers le sein du Père,
lui l'a fait connaître. »
Jean 1,18

MIEUX TE PERCEVOIR

Me voici devant toi, Seigneur,
pour quelques instants, une heure peut-être...
Tu m'apparais encore lointain,
mais avec le temps
les traits de ton visage se préciseront.
Je percevrai aussi l'honneur que j'ai
de vivre un moment en ta présence,
devant toi qui es depuis toujours,
la Réalité même en qui se fonde mon propre être.
Tu es plus moi-même que moi,
ma Source, mon Origine;
pour un instant je veux te rejoindre,
être vraiment.

Quelle chance, mon Dieu, de nous avoir faits
non clos sur nous-mêmes et notre finitude,
mais ouverts à toi
dans une relation appelée à devenir
de plus en plus personnelle et aimante.
Tu es là qui accueille mon regard,
prêt à te révéler à moi.
Me voici libre de tout pour recueillir
de toi quelque lumière ou confidence.

DEVANT CELUI QUI EST

« Je suis Celui qui est
et tu es celle qui n'est pas. » [1]

Dieu est l'Etre en son origine,
la Vie en sa source;
seul Il est, par lui-même.
Il ramasse en lui toutes les forces de l'être,
toutes les puissances de la vie.

Quant à moi, je ne suis pas par moi-même,
j'ai un souffle d'emprunt, comme dit Job.
Comment lever les yeux vers Celui qui est
la Plénitude absolue, l'Infini sans limites?
Comment adresser la parole
à qui me transcende de toutes parts?
L'abîme peut-il être franchi? Ma voix entendue?
Puis-je connaître l'Etre en son essence?
Son mystère n'interdit-il pas toute approche
comme le mont Horeb pour le profane?
Et pourtant il est le grand TOI de l'homme,
et j'ose lui dire: Seigneur!

Je ne suis pas de moi-même,
et pourtant je suis...
Si j'existe, c'est que j'ai été voulu.

---

1. Parole de Notre Seigneur à Catherine de Sienne.

Je ne suis que par amour,
appelé par Celui qui possède l'être en sa totalité.
Je viens des entrailles et du cœur
de Celui-qui-Est, de Dieu.

J'ai été conçu, mis au monde par lui.
Je suis tout entier dans sa pensée,
et en me donnant d'exister
Il me fait son vis-à-vis,
par pure gratuité.
Par son acte de création,
un dialogue a été instauré :
j'ai à répondre à mon Dieu...
Ma parole est de reconnaissance et d'étonnement.

MERCI D'ÊTRE

Mon Dieu,
merci de me donner d'être ;
merci de m'avoir voulu par amour.
Car tu n'as pas besoin de moi.
C'est pour moi,
pour mon seul bien que tu me donnes d'être
et m'ouvres à un avenir qui ne finira pas.
Je serai toujours
et je serai avec toi,
introduit dans ton intimité,
participant de ta propre vie comme l'air
qui devient lumière au grand soleil.

Cette destinée n'est pas encore pour
aujourd'hui ; elle viendra en son temps.
Pour l'instant j'ai à m'approcher de toi,
à me rendre apte à partager
la condition filiale que tu m'offres,
à en devenir digne.
C'est beau cela, mon Dieu, de me faire
créateur de mon visage d'éternité,
celui qui te reflète !

Inouï : je suis,
et un avenir infini s'ouvre devant moi.
Point d'autre pensée pour nourrir
ma prière ce soir.

LE NOM DE DIEU

Qui es-tu, mon Dieu,
pour nous vouloir et nous offrir
de te rejoindre, d'être à jamais avec toi?
Ton nom est-il seulement
l'Etre-qui-est-par-lui-même?
Ou plutôt, quel est le secret ultime
de l'Etre, son visage intime?

Jean y répond: *Dieu est AMOUR.*
Voilà ton nom, mon Dieu: l'amour même,
l'élan vers l'autre pour l'accueillir et se donner.
Tu es cela dans le mystère de ta vie trinitaire
qui est vie de partage,
de relation et de communion.
Tu es cela envers nous:
tu nous as appelés à l'existence
et veux nous associer à ton sort,
nous ouvrir à ton infinité.

Surprise pour nous et émerveillement
que ce nom d'amour qui est le tien.
Tu n'en as pas d'autre, mon Dieu!

JE SUIS L'EAU DE TA SOURCE

O Dieu, que tu m'es proche, ce soir!
Nul besoin de pensée pour t'être présent:
tu es plus moi-même que moi!
Aucune distance ne nous sépare:
je me sais dans ta main, porté
dans l'existence par ton propre souffle:
si tu le retirais, je serais à nouveau rien.

Les mots ne me viennent pas pour te dire.
Aucun trait de ton visage ne m'apparaît,
et pourtant je te sais là.

Tu es la Conscience qui me pense,
le Cœur qui me désire,
la Source d'où je viens.

Tu es l'intimité trinitaire
qui déborde jusqu'à moi et me prend en elle,
pour ma joie comme
pour celle de mon Dieu.

Je veux laisser les minutes passer,
rester en cette lumière:
il fait bon te savoir mon Créateur,
être l'eau de la source.

POUR LE PARFUM DES ROSES

L'esprit délié, le cœur au large,
pour un instant, mon Dieu,
je veux te regarder, m'étonner de toi,
de tout ce que je sais de ton amour.
Je veux te chanter avec tous les sens
que tu nous as donnés
et qui nous font goûter la bonté des choses.

Avec mes yeux qui ont vu en ce jour
mille merveilles de ta Création.
Avec mon ouïe qui a entendu
avec joie ta Bonne Nouvelle.
Avec mes mains qui ont signifié l'amitié
et qui m'ont fait comme toi créateur.

Je te loue et te remercie pour le parfum des roses
qui m'a fait penser à toi,
pour la saveur du pain et du vin
gagnés laborieusement et partagés ensemble.

Tu nous combles de joie par tes œuvres.
A toi la louange ! A toi le merci !
Je veux les faire monter du cœur jusqu'aux lèvres,
t'exprimer ma reconnaissance.

PERCEVOIR
L'AU-DELÀ DES CHOSES
ET LUI ÊTRE PRÉSENT

La présence divine est trop universelle
pour que je ne cherche à la découvrir.
Dans les êtres qui nous entourent
et dans la sève vitale qui les inonde,
il y a un secret qui est plus grand qu'eux.

Au-delà des choses,
il y a Celui qui leur donne d'être
et qui secrètement les anime.

Ai-je besoin de savoir autre chose pour prier?

Lorsque le printemps revient,
chargé de promesses nouvelles,
il y a plus.
Lorsque d'un berceau montent un cri
et des bras qui se tendent vers nous,
oui, je devine la présence d'un Autre,
de Celui qui est la source de toute vie
et qui la répand en nous.

Comment ne pas lui être présent?

De même dans le geste qui pardonne
ou la main qui se tend.

A travers toute amitié apparaît le cœur de Dieu
qui nous a fait à son image:
Il est le premier à remettre toute dette
et à vouloir ne faire qu'un avec nous.

Puis-je ne pas répondre à son désir?

Dans la joie et la fête
tout comme dans l'intimité du foyer,
je veux deviner Quelqu'un:
Celui qui est l'Au-delà de tout
et qui nous invite à partager sa vie.
Déjà il se fait proche
et nous dévoile son amour.

Lui resterai-je insensible?

VEILLEZ ET PRIEZ

« Il faut prier sans cesse...
Veillez et priez
en tout temps. »
        Luc 18,1 ; 21,36

« Vivez dans la prière ;
adonnez-vous
à l'action de grâce. »
        Ephésiens 6,18 ; 5,4

« Vous n'obtenez pas parce que
vous ne demandez pas. »
        Jacques 4,2

JE SUIS ATTENDU

Alors que je me mets à genoux
et que mon esprit se recueille,
surprise... je me sens attendu.
Si le voile tombait,
je te verrais Seigneur,
attentif à moi,
ouvert à un dialogue intime.

En fait c'est progressivement
que tu découvres ton visage;
cela permet d'aviver notre amour
en attendant la claire vision,
de te dire notre attachement
alors que nous ne te voyons pas encore.

Tu sais le premier, Seigneur,
qu'il nous est difficile
de te consacrer une heure entière.
Mais tu sais aussi
qu'il nous est bon de te chercher ainsi;
tu te réserves un jour d'honorer
tout temps passé devant toi
à vouloir discerner ton visage aimé.

Lorsque l'heure éternelle aura sonné,
quelle joie de découvrir enfin ta face!
Tu as voulu ce moment
qui sera pour nous, surprise.
Mais dès maintenant tu nous es proche,
chaque soir tu es en attente
lorsque nos yeux se lèvent vers toi,
nous habituant à vivre en ta présence,
nouant une relation qui jamais ne finira.

JE JOUE LE JEU

Confiant, le lépreux disait :
Si tu veux me guérir, tu peux.
Et Jésus le guérit effectivement.
N'est-ce pas sa mission de nous aider ?
Serait-il Christ s'il ne pouvait accomplir
nos attentes et désirs les plus profonds ?
Il nous a été donné pour cela et nous dit :
Demandez et vous recevrez...

A cause de cette parole qui me donne confiance,
je te prie, Jésus,
pour tout ce qui me tient à cœur.
Je l'expose à tes yeux
pour que tu y exerces ta puissance.
Mais comment celle-ci agira-t-elle ?

Les désirs que j'aimerais voir réaliser,
peut-être vas-tu les éclairer de ton Evangile
au cours de la prière ?
Mais ce faisant, Seigneur, comment
certains ne m'apparaîtront-ils pas mesquins ?

C'est «sans se lasser» que tu as dit de prier.
Si je le fais, et accepte
de voir mes demandes dans ta lumière,
qu'en restera-t-il d'elles ?
Je joue quand même le jeu, te faisant confiance.
Agis, Seigneur, sur mes attentes et désirs,

transforme-les à ton gré,
je te les abandonne.

Et si je te prie, Seigneur,
pour connaître l'état de mon âme,
pour savoir si tu es content de moi,
s'il n'y a rien à changer dans mes actes,
mes projets secrets, mes pensées...
verrai-je ma prière exaucée?

Si je dispose le cœur à recevoir
ta parole sur ma vie,
ne va-t-il pas surgir à mes yeux
ce que je refuse souvent de voir en face?

Mais puisque tu es mon Maître,
il faudra bien devenir en tout ton disciple...
Me forçant un peu,
ce soir je te prie de m'éclairer:
je joue le jeu.

PRIÈRE DIFFICILE

Mon esprit est vagabond, je ne peux le guider,
le recueillir pour un instant.

La tête entre mes mains, le front plissé,
je ne sais ce que sera cette heure de prière:
heure de souffrance, certainement,
où je te prendrai en patience, mon Dieu...

La pensée m'échappe,
même ma volonté fléchit par moment,
elle aimerait laisser libre cours à l'imagination
qui a peine à se contenir.
Mais qu'importe, je resterai devant toi.

C'est l'occasion de te dire mon amour
autrement que par de bons sentiments.
Pendant une heure, c'est tout mon être
qui dira que tu es mon Tout,
le Bien suprême qui me suffit.

Tes temps de prière, Jésus,
ne furent non plus toujours consolés:
tu éprouvais aussi notre éloignement de Dieu,
comme dira ta parole sur la croix.
Dans la ténèbre, tu lui témoignais
quand même ton amour.
Je m'unis, Jésus, à tes heures difficiles,
je veux rester attaché à Dieu même dans la nuit.

ÉCHAPPER A TON REGARD?

Faut-il te dire, Seigneur,
ta présence m'est parfois une souffrance.
Lorsque quelque faiblesse me sollicite,
j'aimerais échapper à ton regard.
Je sais ce que tu désires de moi
mais il m'est dur d'en convenir ;
je cherche à fausser ma conscience,
et, partagé entre toi et moi,
je joue souvent perdant.
Qu'après mes écarts, Seigneur,
je sache te regarder à nouveau,
comme Pierre après ses reniements.
Le soir est propice pour cela.

Comment cacher mes plaies devant toi,
c'est dans ta lumière qu'elles guériront.
Comment nier mes faiblesses,
c'est la grâce qui me rendra fort.
Sans toi, Seigneur, que puis-je ?
J'accepte que tu entres dans ma vie,
que tu la déranges.
C'est ainsi que tu la sauves.

T'ÊTRE PRÉSENT
ET TE DIRE MERCI

Que j'y songe, je suis devant le Seigneur,
et lui-même est au seuil de ma conscience,
prêt à se révéler.

Grandeur de l'oraison:
Dieu m'a fait intelligence et cœur
dans le désir de faire de moi son partenaire,
et maintenant je me prête à la rencontre désirée.
Aucune minute de ma prière
ne le trouvera distrait de moi:
il m'apprend à lui être présent,
à me communiquer à lui.
Avec le temps, notre relation s'épanouira
en une douce rencontre.

Le moment n'est pas encore là où je puis demeurer
paisible devant le Seigneur, pris par lui,
ébloui par les traits de son visage
qu'il ne dévoile qu'à ses amis fidèles.
Mais je suis appelé à cela,
à partager l'intimité divine,
à parler à mon Dieu avec liberté
et abondance de cœur.

Ce soir je veux le faire
car je sais que tu m'entends, Seigneur,
sensible aux sentiments que je t'exprime,
à la reconnaissance qui habite mon âme
et que veux faire monter aux lèvres.

Oui, je te dis merci pour tout.
Pour la vie que tu nous donnes,
pour les fleurs des champs
et les biches des forêts,
pour le plaisir de l'amitié
et la joie des fêtes...
Pour tout ce qui vient de toi,
pour Jésus et sa Mère,
les anges et les saints,
pour les jours qui viendront,
je te dis merci.
Merci aussi de m'apprendre à te parler,
à désirer te plaire et dire ma reconnaissance.

JÉSUS NOTRE FRÈRE

« Jésus-Christ notre Seigneur
est issu de la lignée
de David selon la chair
et est établi
Fils de Dieu avec puissance
selon l'Esprit de sainteté. »
Romains 1,3

« Auquel des anges
Dieu a-t-il jamais dit :
Tu es mon Fils, Moi
aujourd'hui je t'ai engendré ?
Et encore :
Dieu t'a oint
d'une huile d'allégresse
de préférence à tes compagnons ? »
Hébreux 1,5,9

QUEL BONHEUR D'AVOIR JÉSUS

Je me mets en ta présence, Jésus,
sachant que tu es proche de chacun.
Car depuis l'aube où nous t'avons revu vivant,
tout devient possible pour toi.
Oui, depuis que tu es apparu
à Marie-Madeleine et à Pierre,
aux pèlerins d'Emmaüs et aux apôtres,
à cinq cents frères à la fois
et aux disciples près du lac;
depuis l'aube de Pâques, ton corps glorifié
te permet d'être présent à tous.

Dieu t'a fait Seigneur et Christ, dit Pierre,
tu le deviens pour tout homme;
désormais tu remplis ta mission
sans plus d'entraves.

Tu es à nos côtés qui nous aides
à faire de ton Evangile notre charte,
à rejoindre le Père en vérité;
tu es pour cela.

Quelle chance de t'avoir, Jésus!
Tu es notre frère et notre Chef;
tu connais nos besoins et tu peux tout.
Que n'ai-je recours à toi à toute heure!

LE MYSTÈRE DE JÉSUS

Notre esprit ne peut que s'émerveiller
de la destinée unique de Jésus.
Il est tout à la fois notre frère
et le Verbe aimé de Dieu.
Il est de notre race,
avec conscience humaine entière,
volonté et intelligence.
Mais voici que les limites de celles-ci éclatent
pour s'ouvrir à l'infinité du Verbe :
dans le mystère de l'Incarnation
Jésus devient Fils du Père,
lui notre frère par nos racines communes.

Eblouissante révélation du cœur de Dieu !
Qui dira l'honneur qu'il fait à Jésus ?
à l'un d'entre nous :
son être s'accomplit bien au-delà
de ses capacités natives, en Dieu même.
Suprême partage que Dieu fait avec l'homme !
Jésus devient sa pensée,
pensée qui lui est toujours présente ;
il devient sa complaisance et s'entend dire :
Tu es mon Fils bien-aimé en qui je trouve joie.
Jésus, la joie du Père... l'amour qui se surpasse !

Jésus, j'ose le dire,
tu es la grande fierté des hommes,

notre honneur suprême !
Tu es aussi notre espérance :
Dieu t'a établi notre aîné,
tous nous sommes appelés à partager
ta condition filiale.
Si Dieu te dit : Mon Fils,
tu nous apprends à lui dire : Abba ! Père !
Avec toi nous sommes sûrs
de l'affection de Dieu.

Que Jésus nous est précieux :
il est la brèche qui nous ouvre sur l'infini,
l'infini de la divinité.
Désormais notre sort est lié au sien.
Son humanité accomplie dans le Verbe
est le gage de notre propre gloire auprès de Dieu

Insondable Divinité !
de quoi n'est-elle pas capable ?
Elle peut tout ce que veut l'amour.
En elle-même elle est vie partagée,
et qui ne connaît pas de clôture :
elle s'est ouverte à Jésus,
elle s'ouvre aussi à nous.
Pour rejoindre Dieu en vérité,
notre cœur doit ressembler au sien,
n'avoir aucun pli égocentrique,
comme celui de Jésus qui s'est montré
doux et humble, partageur,
Image de Dieu.

OFFRE D'AMITIÉ

Surprenant, ce que rapporte l'Evangile.
Jean reposait sa tête sur la poitrine de Jésus.
Pierre s'entend demander près du lac
de lui déclarer son amitié.
Lazare est appelé : celui que Jésus aimait ;
sa sœur, à ses pieds, oubliait tout,
négligeant les soins du service,
et Marthe, un peu jalouse,
se fait valoir aux yeux de Jésus...
Et combien d'autres ont connu son amitié :
elle a transfiguré et réjoui des vies.

Amitié de Jésus...
Au matin de Pâques, il appelle Marie-Madeleine
par son petit nom : Mariam !
Et elle de se jeter à ses pieds
pour les tenir embrassés :
je ne te lâcherai plus, semblait-elle dire.
Mais Jésus ne peut plus appartenir
seulement à ses proches.
Sa résurrection le fait Seigneur de tous ;
il se donne désormais à quiconque le désire.

Jadis Jésus a eu des amis, et maintenant
c'est à moi qu'il offre de lier amitié.
O Jésus, mon cœur se perd à penser cela !
mais que tu me parais encore lointain...

Je sais, c'est en te suivant fidèlement
que je deviendrai ton intime
et que tu te découvriras à moi,
mais c'est aussi en expérimentant ta douce présence
que je pourrai marcher à ta suite.

Sans la chaleur de ton amitié,
comment vivre selon ton Evangile
et me dépenser à son règne?
Viens donc, Jésus,
fais-toi proche de ma conscience!

Avec le Père, tu veux établir
ta demeure en moi, tu l'as dit.
Que mon intérieur soit libre de tout,
que rien ne blesse tes yeux;
qu'il devienne le lieu de nos rencontres,
là où tu veux te manifester.
Tu y viendras pour souper avec moi,
toi près de moi, moi près de toi,
ainsi que tu l'as promis.
Oh! que je ne manque pas ce bonheur
de devenir ton intime!

JAMAIS SEUL

Où que je me tourne, Jésus,
je te retrouve,
où que j'aille,
tu m'accompagnes.
Ta présence est universelle en ma vie,
tu en es le guide et le sauveur.

Si je marche droit,
c'est que tu m'y aides.
Si je ralentis le pas,
ta voix se fait entendre et me presse.

Que je fasse un écart et revienne,
déjà ce passé est effacé par toi,
confiant dans l'avenir.

A la croix, tu as tout payé.
Les excès de ton amour témoigné envers le Père
ont suppléé d'avance aux faiblesses du mien,
et dans ton corps donné pour me sustenter,
tu m'offres ta propre vigueur
pour marcher à ta suite,
retrouver la ressemblance divine,
mériter la complaisance du Père.

PARLE, JE T'ÉCOUTE

Souvent pendant mes oraisons
je suis un impénitent bavard.
Parle, Jésus,
tu as des choses à m'apprendre,
toi qui es la Pensée du Père,
sa Parole émise dans le temps pour nous.

Tu sais la vérité de Dieu,
celle de l'homme aussi.
Tu as été établi notre Maître
et tu instruis chacun à toute heure.

L'important est d'entendre ta voix
trop souvent couverte par mille de nos bruits.
Ce soir, que ceux-ci se taisent...
Que je fasse silence en moi,
attentif à ce que tu me dis,
à la parole que tu m'adresses
pour continuer ma route.

Pour avoir parlé jadis, Jésus,
tu t'es fait des ennemis ;
pour avoir refusé de te taire,
tu fus condamné.
Tu payas de ta vie la volonté de nous instruire.
Ressuscité, ce désir habite encore ton cœur.
Parle, le mien est ouvert pour t'écouter.

A TA SUITE SEIGNEUR

« *Cherchez à imiter Dieu*
comme des enfants bien-aimés,
et suivez la voie de l'amour
à l'exemple du Christ...
Maintenant que vous êtes
dans le Seigneur,
vivez en enfants de lumière.
Et le fruit de la lumière s'appelle :
bonté, justice, vérité. »
          Ephésiens 5,1,8

« *Veillez,*
demeurez fermes dans la foi,
soyez forts,
faites tout avec amour. »
          1 Corinthiens 16,13

MINUTES DE VÉRITÉ

Dans nos rencontres du soir, Seigneur Jésus,
c'est toi qui doit mener le dialogue;
j'ai à demeurer attentif
à ce que tu veux me dire pour mon bien.
Que n'ai-je, en effet, à apprendre!

Je suis objet de ton attention, de ton souci.
Oui j'ai à savoir ce que tu penses de ma journée,
de mes actions, de mes projets.
J'ai à m'exposer entièrement à ton regard
sans chercher à en garder quelque ombre.
Mes secrètes poursuites et complaisances,
je dois te les montrer:
il ne s'agit pas de cacher mes plaies devant toi,
mais plutôt d'y trouver remède.
Ne te revient-il pas de guérir mon péché
et de m'engager à nouveau dans les voies de Dieu?

Eprouvant parfois ce regard de Jésus
qui se pose sur ma journée,
mais libérateur aussi: il me rétablit
dans la vérité, celle de son Evangile.
Jugé à sa lumière, il s'agit
de rectifier ma conduite pour le lendemain,
de demander l'énergie nécessaire
pour mener à bien ma conversion.

INVITATION AU DÉPASSEMENT

Tu es mon Maître, Jésus, et je pressens
ton désir d'entrer davantage dans ma vie,
de la faire rayonner de Dieu.
Tu veux la guider pour qu'elle s'accomplisse
comme la tienne, dans le Père.
C'est ta mission, mais que de résistance
et de faiblesse encore de ma part.
Tu me presses d'autant plus.
Tu attends de moi que je te confie entièrement
ma marche et me laisse entraîner
dans cette voie qui déjà m'essouffle.
Tu m'offres ton aide, je le sais, mais celle-ci
m'invite à toujours plus de labeur.

Mais je ne veux rien te refuser.
Malgré mes peurs
je veux réussir l'aventure de la vie,
avec toi être gagnant.
Aussi je m'ouvre à ta force,
celle qui me dérangera, j'en suis sûr,
celle qui me demandera de faire plus
de chemin que je n'en ferais de moi-même,
mais j'irai là où tu désires me conduire.

LA QUESTION

Une question au soir de ce jour :
celui-ci m'a-t-il fait avancer dans la voie
qui m'approche de Dieu ?
l'ai-je vécu dans sa lumière et dans l'amour ?

Point besoin d'autre critère
pour juger mes journées,
pour savoir si je suis dans le vrai,
si j'ai grandi en Dieu malgré les forces
qui cherchent à m'incurver sur moi-même,
me faisant la mesure des choses :
c'est en lui que je dois me trouver un jour.

Puisque la voie est étroite et qu'elle monte,
il peut y avoir essoufflement
et même faiblesses passagères,
mais jamais l'œuvre de la vie
ne doit être abandonnée,
même pas pour quelques heures :
il y va du dessein de Dieu sur moi,
de mon avenir aussi.
Le temps, qui nous entraîne vers le but, entrera
dans l'éternité comme il aura été vécu.

Alors la question qui se pose chaque soir :
aujourd'hui, à travers toutes choses,
ai-je prêté attention aux valeurs qui demeurent ?

RUDE TON SENTIER

Le cœur en peine et d'une voix pressante,
je te dis et répète, Jésus :
Exerce ta bonté envers moi !
Sois-moi favorable, toi qui peux tout !
Toi qui es déjà près du Père,
regarde celui qui est encore en chemin,
celui qui peine sous le poids d'une chair
non encore transfigurée !

Lorsque la voie se fait un peu rude
et qu'elle traverse la nuit, comme en ce moment,
je ne sais plus rien de toi, Jésus,
tu m'es une idée plus qu'une personne,
quelque chose de lointain.
Tous tes témoignages d'amour,
toutes tes promesses d'assistance :
objet de foi...
Plus, tu m'es une exigence.
Car je t'aime encore trop pour vouloir
agir en dehors de toi ;
ton sentier est trop bien tracé
pour que je m'en écarte.
C'est le moment de t'aimer sans te voir,
sans te sentir,
d'avancer non plus avec mes seules forces,
mais soutenu par ta grâce ; en pauvre.

« *Ma grâce te suffit, car ma force
se déploie dans la faiblesse humaine.* »
A moi aussi tu adresses cette parole,
qui n'est point énigmatique, j'en éprouve la vérité.
Je ne peux compter sur mes seules énergies,

mais me confiant totalement à toi,
je te dis OUI quand même,
ouvert à ta force qui en ce moment
ne s'ajoute pas à la mienne
mais me rend seulement disponible à toi,
à te suivre quoi qu'il en coûte.
La tête baissée, sans m'écouter,
je vais placer mes pas l'un après l'autre
dans le sentier de ta fidélité.
Sans aucune réserve de courage,
tu veux que j'avance
avec un autre souffle que le mien;
ta grâce ne me devient efficace
que dans mon abandon à toi.

Je sais, dans deux jours peut-être,
le temps sera plus clair et la voie plus aisée.
Ce que je vis, appartiendra au passé,
et je saurai la chance qui m'est donnée
maintenant de te témoigner mon amour
et de cheminer lentement vers toi,
construisant mon être véritable de fils.
Mais je suis encore dans la peine.
Ah! si je pouvais abolir le temps,
ne pas avoir à l'assumer!
Que j'aimerais que la course soit déjà
achevée comme la tienne, Jésus!
Mais avant de connaître la lumière de Pâques,
tu as éprouvé la ténèbre du Vendredi-saint;
pourquoi en serais-je dispensé?

Que je sache, il y a une approche de Dieu
qui ne s'effectue que dans la confiance,
une connaissance et une intimité
qui ne grandissent que dans la nuit.

ILS SONT RESTÉS FIDÈLES

Depuis deux mille ans, Seigneur Jésus,
bien des hommes t'ont fait confiance
et t'ont suivi, te prenant pour Guide.
Les premiers t'ont vu de leurs yeux
et ont marché à tes côtés sur les routes de Judée.
Ils ont entendu de ta bouche les Béatitudes,
le Sermon sur la montagne ;
ils se sont mis à ton école, et après ton départ
ont publié ton message aux quatre vents,
au risque de leur vie.
Ce sont nos devanciers dans l'amour
qui te revient.

Paul, lui s'est fait ton héraut,
dans toutes les contrées de l'empire.
Pour remplir sa mission confiée par toi,
il supporta mille épreuves ;
une fois on l'a même lapidé.
Rien ne l'arrêtait quand il s'agissait
de ton Evangile à répandre.

Plus tard, Ignace d'Antioche veut être
comme toi, Jésus, le froment de Dieu,
mais moulu sous la dent des fauves.
C'est alors que je serai disciple, dit-il ;
et il supplie ceux de Rome
de ne pas lui ôter cet honneur
de sceller son amour par le don du sang.

Quant à son ami, Polycarpe,
à quatre-vingt-six ans il marcha
intrépide vers le bûcher,
qui ne peut d'ailleurs le consumer.

C'est après une prière d'action de grâce
qu'il rendit le suprême témoignage,
qu'il devint ton « martyr ».
Il ressemblait, dit-on, à une victime de choix
prise dans un grand troupeau...

Antoine d'Egypte, lui,
s'enfonça dans le grand désert,
vivant de ta seule présence, de ton seul amour.
Soumis à de rudes épreuves, il ne fléchit pas :
il avait à cœur de te dire l'attachement
passionné qui le liait à toi.
Et dans la solitude, le jeûne, la prière assidue
il fut suivi par bien d'autres.
Ce n'est pas seulement de sentiments
mais avec tout leur être qu'ils voulaient t'aimer.

Et les Agnès, Cécile, Lucie...
c'est aussi dans leur chair qu'elles ont
témoigné l'amour qui les habitait.
Leur chemin ne fut pas semé de roses ;
leur cœur a dû saigner pour te rester tien...
Et dans cette voie, que d'autres ont marché !

Les Benoît, Romuald, Bruno,
et après eux leurs nombreux disciples
se sont détachés de tout pour marcher
plus allègrement vers toi, Seigneur.
Malgré les ténèbres et épreuves intérieures,
ils n'ont pas repris le don qu'ils t'ont fait.

Que dire aussi de ceux qui ont porté
ton Evangile jusqu'au bout du monde,
exposés à des périls sans nombre ?
Mais j'arrête la liste de tes témoins.
Elle me suffit pour continuer ma route,
même lorsqu'elle se fait un peu rude.

PRIÈRE VESPÉRALE DU DISCIPLE

Prière aisée ce soir devant le Seigneur.

N'est-il pas celui envers qui
je suis resté fidèle aujourd'hui?
Celui dont j'ai témoigné devant les hommes?
Il n'est autre que le Maître que j'ai suivi,
l'ami vers qui, souvent, s'est tourné mon cœur.
Maintenant, les obligations remplies,
je le retrouve pour ce temps de prière vespérale,
comme s'il m'invitait près de lui
à prendre un peu de repos,
comme jadis ses disciples.

J'ai à te parler, Jésus, de ma journée,
de ce que j'ai fait pour toi.
J'ai aussi à entendre ce que tu veux me dire,
pour ma joie, pour la tâche de demain aussi.
Quel plaisir de se communiquer ainsi,
librement,
de se rencontrer à la fin du jour.

NOUS SOMMES AIMÉS

« *Voyez*
quelle manifestation d'amour
le Père nous a donnée,
pour que nous soyons appelés
enfants de Dieu.
Et nous le sommes!
Si le monde
ne nous connaît pas,
c'est qu'il n'a pas connu Dieu.
Bien-aimés, dès maintenant
nous sommes enfants de Dieu,
et ce que nous serons
n'a pas encore été
pleinement manifesté.
Nous savons qu'alors
nous lui serons semblables et
que nous le verrons tel qu'il est. »
1 Jean 3,1

J'AI ÉTÉ DÉSIRÉ

J'ai été voulu,
désiré par toi, Seigneur.
Alors que je n'étais rien,
tu m'as dit : Sois !
Sois maintenant et pour l'éternité.
Parce qu'aimé de toi, voici que
je me sens grand, important.
Que répondre à ton geste,
au don de la vie ?
C'est tout que je reçois de toi,
et moi-même et toutes choses.
Comment te dire merci ?
Mon être entier
devrait clamer sa reconnaissance,
être heureux de toi.

Se savoir aimé change tout,
et je le suis, Seigneur.
Je suis présent à ta pensée,
je compte à tes yeux, à ton cœur.
Oui, comment ne pas être heureux ?
Aucun de mes jours que tu ne connaisses,
tu les habites tous,
toi qui m'as fait pour être avec toi.
Inouïe la réalité de ton amour !

ME LAISSER AIMER PAR TOI

Ce soir, je veux me laisser aimer par Dieu,
aimer par son Fils et par leur Esprit;
je veux me laisser aimer par eux
avec tous les élus qui déjà vivent
en leur présence et jouissent de leur amitié.

En cette heure, je suis sous le regard
du Père qui me veut son fils,
près du Verbe qui partage
avec moi sa filiation,
aimé par l'Esprit qui veut me prendre
dans sa relation au Père et au Fils,
regardé par les anges et le bienheureux
qui me désirent parmi eux.

Oui, que je me laisse aimer par le Père
qui chaque jour m'engendre en lui
et m'appelle à le rejoindre;
je veux me laisser aimer par le Fils
qui me sauve et me présente au Père;
aimer par l'Esprit comme d'un ami,
il me fait part de ses biens;
aimer par la Vierge
qui m'a été donnée pour mère;
aimer par les saints, tous mes frères.

Etonnante réalité! Si nous sommes
c'est que nous avons été désirés
par Celui qui est toute chose
et qui veut se répandre dans nos cœurs.
Comment ne pas répondre à cet amour?
Aussi pendant cette heure, je veux vivre

dans la lumière chaleureuse du Père
qui désire rayonner sa face sur mon visage ;
je veux porter les traits du Fils Bien-aimé
et m'ouvrir à l'Esprit qui aussi
répand sur moi sa clarté.
Je veux demeurer près de la Vierge,
déjà toute rayonnante de Dieu,
vivre parmi les élus chez qui
éclate la beauté de la Trinité sainte
qui les a pris dans sa lumière.

Oh ! qu'en cette veillée j'accueille l'affection
de Dieu qui désire que je l'appelle : Abba ! Père !
que je m'ouvre à celle du Fils
qui vient à moi dans un élan fraternel,
à l'amour aussi de l'Esprit qui veut répandre
sa dilection dans mon cœur, et y demeurer.
Que je me laisse aussi aimer par la Vierge
et devenir objet de sa tendresse
comme le sont tous les élus.

Qu'en cette heure de prière, je donne à Dieu
la joie de me dire : mon enfant !
Que je m'associe à la plénitude
de Jésus, établi son Fils,
et que j'accueille la joyeuse présence de l'Esprit.
Oui, que je permette au Père, à son Fils
et à leur Esprit de me prendre dans leur intimité
et de me faire part de leur joie.
Les élus vivent déjà cette destinée
et sont désireux de la partager avec moi.
Blotti près de la Vierge, oui,
que je me laisse aimer de Dieu !

MERCI POUR TOUT;
OFFRANDE DE L'UNIVERS

Où que se dirige mon regard,
je te rencontre, mon Dieu.
Ta bienveillance nous entoure de toutes parts,
tes bienfaits sans nombre,
je les trouve à chacun de mes pas,
la Création entière témoigne de ta bonté infinie.
Je veux te dire merci pour tout.

Oui, béni sois-tu,
toi qui créas l'Univers
avec toutes ses galaxies,
ses systèmes solaires,
avec la terre qui nous porte
et toute sa profusion de richesse et de beauté.
Tu es béni, toi qui fis la Matière
avec ses énergies et son mystère.

Sois béni, Seigneur, d'avoir conçu
tout cela pour les hommes
et de nous donner la vie,
le mouvement et l'être,
de nous donner une intelligence et un cœur
capables de découvrir toutes choses
et de nous en émerveiller,
capables surtout de te connaître et de t'aimer,
toi dont l'amour insondable nous éblouit.

Ce soir je te présente, Seigneur,
cet Univers même dans lequel tu nous plaças;
qu'il te soit une offrande de reconnaissance
de la part des hommes.
Toute cette Humanité créée par toi,
pour te connaître, t'aimer et te rejoindre,
je te la place sous tes yeux:
qu'elle ne déçoive pas ton attente
et l'amour que tu as pour elle.

Je te présente aussi la gloire de l'humanité,
celui vers qui converge la création entière:
JÉSUS.
Lui-même se présente à toi
au nom de ses frères.
Accepte sa prière et sa louange,
sa reconnaissance pour tout
ce qu'ils reçoivent de ta main.
Je joins ma voix à la sienne
pour dire mon merci pour tout.

QUE SERAI-JE SANS TOI?

Sais-je apprécier suffisamment
ce que tu apportes à ma vie, Seigneur?
Même si je vis dans la foi
mon existence est transfigurée par toi,
mes jours illuminés par ta parole
et traversés par l'espérance qu'elle apporte.
Sans elle, que saurais-je de moi?
de ma véritable identité?
Trouverais-je réponse à mes questions?

Sans ta parole,
sans la foi en ta présence, surtout,
ne connaîtrais-je pas une profonde solitude?
Je serais dépourvu d'appui
dans les moments difficiles,
toujours affronté à moi-même, insatisfait.
Même les plaisirs de la vie ne pourraient
me combler ou m'étourdir: ils ne seraient
que des barreaux d'or à ma prison.

Mais Jésus est là, et tout change.
Sans que ce soit le grand soleil en mon intérieur,
je sais qu'un Autre y est présent,
que je suis dans sa pensée,
objet de son attention et de son cœur.
Je sais que pour moi il y a eu
Bethléem et les routes de Judée,
le soir de la Cène et son lendemain,
le jour de Pâques et les apparitions aux disciples,

le retour vers le Père et l'assurance
d'y être moi-même reçu avec joie.
Oui, je sais qu'il y a toi, Jésus,
qui donnes sens à ma vie et la sauves.
Que n'as-tu pas fait pour cela?

La croix elle-même
— qui rebute tant ma sensibilité —
est signe d'espérance.
Aucune de mes chutes qui ne peut me décourager:
j'ai été sauvé à grand prix.
Toute faiblesse et lâcheté est déjà détruite
par toi, Jésus, et tu es là
qui m'aide à poursuivre la route.
Il fait bon vivre lorsqu'on se sent ainsi aimé.

ECCE HOMO

La pensée de Jésus me poursuit;
comment m'en distraire?
Ne s'est-il pas mêlé à la vie des hommes,
s'identifiant aux humbles et aux petits?
Et le Vendredi-saint il fut parmi ceux
qu'on abuse et qu'on écarte de son chemin.
Comment ne pas méditer sa passion,
qui est aussi la passion des hommes,
mais soufferte pour les racheter.
Après un faux baiser, Jésus,
tu as été arrêté, de nuit,
conduit sans ménagement jusqu'au tribunal,
affronté à de faux témoins,
humilié sous les soufflets et les coups,
les injures et les crachats,
comme ceux qu'on méprise.
Durant la matinée, chez Pilate,
te voilà flagellé, couronné d'épines,
et sous un manteau de dérision
présenté à la foule: « *Voici l'homme!* »

Pilate ne croyait pas si bien dire...
Jésus est vraiment l'homme tel que
nous sommes capables de le réduire;
l'homme qu'on trahit,
qu'on humilie et fait souffrir;
l'homme qu'au besoin on sacrifie.
Jésus est vraiment la victime
de notre malice et de nos violences,
la victime innocente et volontaire
de nos mauvais desseins et de nos égoïsmes;
et c'est pour cela qu'il nous sauve...

Car, comme disait déjà le prophète,
« ce sont nos souffrances qu'il portait,
nos douleurs dont il était chargé.
Il n'a pas été frappé par Dieu,
mais transpercé par nos crimes,
écrasé par nos fautes,
celles-ci sont tombées sur lui.
Il s'est livré lui-même à la mort,
prenant sur lui le péché des multitudes.
Comme l'agneau, il n'ouvrait pas la bouche... »

Oui Jésus, tu es l'agneau innocent mais qui
porte pour le détruire le péché des hommes.
De celui-ci tu as souffert ; de Bethléem
 – où tu as dû naître dans une mangeoire –
jusqu'au Calvaire – où tu meurs crucifié –
en passant par la fuite en Egypte,
et plus tard, les machinations de tes adversaires
et l'indifférence générale du Vendredi-saint.
Mais voici que ce péché du monde
 – de tous les jours –
 – d'autrefois et d'aujourd'hui –
n'existe plus parce que tu l'as pris sur toi
ainsi que sa malédiction ;
il est anéanti pour qui accepte
d'être par toi innocenté.

En méditant ta passion, Jésus,
la confiance gagne mon cœur :
tu m'établis dans la communion à Dieu.
Mes péchés contre lui et contre mes frères
ne m'accusent plus,
grâce à toi je suis dans la lumière.

AVEC LE CHRIST EN DIEU

« *Du moment que vous êtes*
ressuscités avec le Christ,
recherchez les choses d'en haut,
là où se trouve le Christ.
Soyez aux choses d'en haut,
non à celles de la terre.
Car vous êtes morts,
et votre vie est désormais
cachée avec le Christ en Dieu. »
Colossiens 3,1

« *Regardez-vous comme vivants*
à Dieu dans le Christ Jésus. »
Romains 6,11

PRIER AVEC JÉSUS

L'Evangile rapporte de toi, Jésus, que souvent
le soir tu aimais te retirer dans la solitude.
Là tu restais sous le regard du Père,
tes yeux plongeaient loin dans les siens
et tu y lisais toute la complaisance
qu'il avait pour toi, établi son Fils.

Au long des heures de la nuit, ton humanité
s'épanouissait dans la condition divine
qui t'a été ouverte par ton union au Verbe.
Tu te savais aimé par le Père,
objet de sa joie,
et sans cesse tu lui murmurais :
Abba ! Père bien-aimé !
Et ces mots, qui t'appartiennent en propre,
tu désires qu'ils deviennent nôtres.

Ce soir, Jésus, viens les balbutier
dans mon cœur qui se recueille
dans le calme de la nuit.
Ouvre-le à la présence du Père
et éveille en moi des sentiments de fils.
Unis ma voix à la tienne,
qu'avec toi je murmure ce doux nom :
Abba ! Père !

EN UNION
AVEC LES EUCHARISTIES

Etre en vérité avec Dieu, en communion avec lui, tel
est bien un de nos vœux les plus secrets et profonds.
Et nous pouvons le réaliser, avec le Christ : il nous
prend dans sa relation au Père. Cette relation, il la
vit « sacramentellement » avec nous dans l'Eucharistie
célébrée. Quelle valeur chacune d'elle représente
donc ! Si nous ne pouvons y participer physiquement,
pourquoi ne pas nous y transporter en esprit et nous
laisser entraîner avec le Christ vers le Père ?

*
* *

Aussi, ce soir, je m'unis à toutes les Eucharisties
qui se célèbrent dans le monde.
A ce moment, notre Christ et Sauveur
se présente devant le Père ;
il le reconnaît Seigneur et Origine de tout
et le chante pour sa grandeur et sa bonté.
Il le prie aussi pour qu'il nous soit agréable
et répande sur nous une pluie de faveurs.

Jésus est là, au sein de la communauté
des hommes et devant Dieu.
Il s'offre à lui pour notre bien, faisant rejaillir
sur nous les fruits de son obéissance
lorsqu'il donna sa vie sur l'autel de la croix.

Il est là qui intercède et demande au Père
de nous accorder plénitude de grâces.

Que Jésus me plonge dans le calice
de son sang répandu pour la multitude
et dont l'oblation nous sanctifie;
qu'il me rende pur et immaculé
en présence de Dieu;
qu'il me donne de Lui ressembler toujours plus
et de vivre, comme lui-même,
dans l'amour, la reconnaissance, la joie.

A cette heure, je m'unis à toutes les Eucharisties.
Je me joins à tous les fidèles qui en ce moment
et avec le Christ notre Seigneur et Sauveur,
se présentent devant Toi, Père,
pour reconnaître ta souveraineté,
te chanter pour ce que tu es pour nous,
et de supplier de nous garder
toujours en ta bienveillance.

Que le corps et le sang de Jésus, ton Christ,
me nourrissent et me renouvellent,
qu'ils me donnent, Père,
de vivre un surcroît de communion à lui
et m'accordent, aujourd'hui encore,
de partager la vie divine qu'il reçoit de Toi,
et ainsi d'être davantage ton fils.

COMMUNION SPIRITUELLE

« *Demeurez en moi* », a dit Jésus. Par la pensée et le cœur, par ma vie de disciple j'essaie tant bien que mal de répondre à ce désir, qui est aussi mon vœu le plus profond : ne former qu'un avec Jésus. Mais lui seul peut réaliser ce dessein d'amour et m'introduire auprès du Père. Il s'est fait aliment pour cela.

*
* *

Jésus, viens donc à moi, ce soir,
viens comme dans l'Eucharistie,
comme dans la communion
où tu entres en mon intérieur même.
Je veux m'ouvrir à ton amour, Jésus,
communier à toi qui est Source de vie,
demeurer avec toi dans l'Esprit.
Ce désir qui t'habite aussi, accomplis-le ;
toi qui peux tout, viens à moi pour un instant !

Je le crois, Jésus, comme dans les Eucharisties
tu es là qui te livres à moi.
Par une grâce particulière, à cet instant,
tu te donnes comme aliment
pour sustenter ma vie de la tienne propre.
Tu es là qui me nourris de ta présence
et de tes biens divins,
me donnant de vivre avec toi
un surcroît de communion et de partage.

Car en ce moment, Jésus, comme à la messe,
tu me fais vivre cet étonnant échange
par lequel tu deviens mien et moi tien.
Ta chair et son sang, tout en me nourrissant,
m'incorpore à toi dans la joie
secrète de l'Esprit.
Par le don que tu fais de toi-même,
tu me prends dans ta propre destinée,
m'ennoblissant de ta condition et de tes privilèges.

O Jésus, ma force et ma joie,
mon salut et mon chant,
pour un instant tu es mon tout;
que je m'ensevelisse en toi qui daignes
venir demeurer en mon intérieur
et souper toi près de moi, moi près de toi.
Ta présence est intimité
et ton amitié de Fils m'ouvre à mon tour
à la filiation divine.

Et en m'associant à ta vie, Jésus,
tu me donnes, je le crois, la force
d'avancer plus loin dans ta ressemblance;
ton désir est que je devienne
toujours plus lumière et amour,
rayonnant en toute ma vie de la sainteté de Dieu.

Prolonge, Jésus,
ton acte de suprême amitié qui me prend
en toi dans l'intimité et la prière;
et donne-moi,
dans les heures et les jours qui viennent,
de demeurer davantage dans ton amour,
de rayonner de ta présence, et
— avec ta force qui m'habite —
de travailler à ton règne.

HEUREUX EN DIEU

Mon Dieu, ce soir je peux le dire en vérité :
je suis pleinement heureux de toi.
Au fait, comment ne pas l'être ?
puisque tu es Béatitude.
Si mon cœur ne s'incurve pas sur lui-même,
s'il sait te rechercher et te regarder,
peut-il ne pas être heureux,
heureux de toi,
heureux parce que tu es Dieu ?
Puisque rien ne te manque,
rien ne me manque aussi ;
rien ne peut me troubler,
en toi j'ai tout.
Puisque tu es Plénitude,
mes désirs sont comblés ;
parce que c'est toi que j'aime,
ta joie fait la mienne.
Comment ne pas marcher toujours
heureux sous ton regard ?
Où que me conduisent mes pas,
je te retrouve toujours.

Dieu ne peut être que Béatitude,
en lui-même et pour tout esprit créé.
S'Il est Joie,
c'est parce qu'Il est Amour,
amour tourné vers l'autre
dans l'oubli de soi.
Voilà le secret du bonheur, pour nous aussi.
C'est en nous déprenant de nous-mêmes
et en nous dépensant pour autrui

que nous accédons à la vraie joie,
à la joie de Dieu,
celle qui vient de la liberté de l'amour,
celle qui nous fait devenir offrande.
Dieu n'est-il pas cela en sa vie trinitaire ?
C'est le secret de son être,
c'est celui aussi de Jésus
dont le cœur fut ouvert à tout homme ;
il nous a montré le chemin
qui nous rend heureux en Dieu.
Il est lui-même Joie du Père,
la révélation du bonheur divin.

Que d'images te trahissent, mon Dieu !
On fait de toi un seigneur qui se plaît
à avoir des sujets...
alors que tu t'es dévoilé en Jésus
qui le soir de la Cène
s'est mis à genoux devant Pierre et Judas.
Il voulait qu'éclate enfin
leur fausse image de Dieu :
« *Vous m'appelez Seigneur et Maître* », dit-il,
je le suis,
et je suis parmi vous celui qui sert...
Lorsque je serai élevé (sur la croix),
vous saurez que JE SUIS ».

Il n'y a pas d'autre Dieu que celui-là
qui s'est dit en Jésus que nous avons vu
doux et humble de cœur.
Je me mettrai à son école
et la vraie joie me sera donnée,
celle qui habite les demeures éternelles.

DEVANT DIEU QUI SE FAIT CONNAÎTRE

« *Je te bénis, Père,*
d'avoir caché
les mystères du Royaume
aux sages et aux intelligents
et de les avoir révélés
aux tout-petits. »
                    Luc 10,21

« *Toi mon Dieu,*
je veux te contempler,
voir ta puissance
et ta gloire.
Ton amour
est meilleur que la vie,
mes lèvres diront ton éloge. »
            Psaume 63,2

« *Quand verrais-je*
la face du Dieu de vie ? »
            Psaume 42,3

LE MYSTÈRE INTÉRIEUR DE DIEU

La bonté de Dieu est étonnante :
il nous a fait la confidence de son secret intime ;
dans sa simplicité, il nous a dit
quelque chose de son mystère intérieur
qui est communauté entre les divines Personnes.

Et c'est merveilleux de découvrir que Dieu est ainsi ;
son dévoilement est source de douce prière
pour qui sait s'étonner des possibilités
et de la puissance de l'amour.

Car, en son être même, Dieu est Amour,
et Amour trinitaire.
Il n'est pas solitaire ni complaisance narcissique,
il est mystérieux don et accueil,
confiance réciproque,
foyer intense d'échange et de joie.

Dieu est un Un et un Nous,
il est relation et rencontre de Trois Personnes.
Le vœu du cœur humain s'accomplit en lui :
il est établi en même temps dans l'être et
dans l'amour, en soi-même et dans l'autre,
dans une relation subsistante ;
chaque Personne est par les autres,
dans une confiance totale en elles.

Le Père n'est que par le don qu'il fait au Fils :
c'est lui qui le constitue Père.
Le Fils n'est que par le Père qui est son Origine
et vers qui il se tourne de toute sa personne.
L'Esprit aussi n'est pas
par lui-même et pour lui-même,
mais par l'accueil du Père et du Fils
et par le don confiant qui le fait se refluer
vers eux tel un torrent impétueux.

Insondable Trinité, qui comprend ton mystère ?
L'entrevoient seulement ceux qui expérimentent
la joie et la liberté que fait naître le véritable amour.
Seuls ceux qui s'oublient eux-mêmes savent
que la plénitude ne se trouve que dans l'amour
qui se fait dépendance aux autres et offrande.

DIEU SE RÉVÈLE TRINITÉ

Dieu aurait pu ne rien dire de son être et de sa vie intérieure. S'il nous en a fait la confidence, c'est qu'il nous appelle à le rejoindre un jour et à entrer dans son intimité. Il a d'ailleurs inscrit en notre cœur son image, ce qui nous rend capable de le comprendre et de l'aimer. Oh! ne restons pas insensibles à l'éblouissante révélation de notre Dieu : il y a bonheur à le contempler et à nous dire à nous-mêmes son mystère. Oui,

> *Chantons le Seigneur,*
> *éclatant est son nom;*
> *chantons le Seigneur de tout cœur,*
> *il nous a révélé son visage.*

En Dieu il n'y a pas de ténèbres,
mais Dieu dit qu'il a
pour lui l'éclat de la lumière,
en lui les forces de l'amour.
Il nous dit qu'il est trois Personnes
qui vivent don et accueil,
qu'il est en lui-même joie de partager,
éternelle décision d'aimer.

> *Chantons le Seigneur,*
> *éclatant est son nom;*
> *chantons le Seigneur de tout cœur,*
> *il nous a révélé son visage.*

Il s'est révélé lumière et dilection,
communion et intimité entre les Trois;

il s'est dit rencontre et amitié,
vie et joie partagées.
En lui il est offrande mutuelle des Personnes,
dépendance dans l'amour et l'allégresse ;
il est relation consciente et aimante
du Père, du Fils et de l'Esprit.

> *Chantons le Seigneur,*
> *éclatant est son nom ;*
> *chantons le Seigneur de tout cœur,*
> *il nous a révélé son visage.*

Le Père ne profère qu'une parole, son Fils,
il le dit dans un éternel silence ;
le Fils est la pensée du Père,
pensée qui lui est toujours présente.
Le Père se reconnaît dans son Fils,
Image vivante de son être,
et le Fils n'est qu'un élan vers le Père,
dans l'Esprit qui les unit.

> *Chantons le Seigneur,*
> *éclatant est son nom ;*
> *chantons le Seigneur de tout cœur,*
> *il nous a révélé son visage.*

L'Esprit habite le Père et le Fils,
il jaillit de leur rencontre et est leur joie ;
il est intimité chez les divines Personnes,
leur serrement de mains, leur accolade.
L'Esprit, au cœur même de Dieu,
est jaillissement d'amour et d'allégresse,
il est la chaleur de leur amitié,
l'alliance qui les fait un.

Chantons le Seigneur,
éclatant est son nom;
chantons le Seigneur de tout cœur,
il nous a révélé son visage.

Dieu n'est pas resté seul,
il a partagé sa plénitude;
le Verbe a pris une nature humaine
et l'a ouverte à sa propre vie.
Jésus est un avec le Fils,
il connaît l'intimité du Père
et éprouve l'allégresse de l'Esprit:
joie intime, débordante, infinie.

Chantons le Seigneur,
éclatant est son nom;
chantons le Seigneur de tout cœur,
il nous a révélé son visage.

Dieu nous fit à son image,
il mit en nous sa ressemblance;
il s'est fait pour nous notre Père,
en son Christ nous sommes ses enfants.
Nous sommes promis à rejoindre Dieu,
à vivre près de lui dans l'amour;
nous partagerons sa destinée de gloire,
telle est sa bienveillance pour nous.

Chantons le Seigneur,
éclatant est son nom;
chantons le Seigneur de tout cœur,
il nous a révélé son visage.

LA VIERGE ORANTE

Vierge Marie, ce soir je te perçois
non comme on te représente souvent.
Ce n'est pas vers nous que ton visage est tourné.
Je te vois face à Dieu, son orante ;
et volontiers je me place à tes côtés
pour me laisser entraîner dans ta prière,
gagner par ton recueillement et ta louange.

Que vois-tu, Vierge Marie,
pour être ainsi saisie de contemplation ?

Tes yeux, grands ouverts, semblent plonger
loin en Celui qui les captive
et qui éclaire ton visage d'une douce clarté.
Que tu es belle à voir ainsi, rayonnante de Dieu !
Tu recueilles en ton corps même
quelque chose de sa lumière étincelante :
tous tes traits en sont irradiés.
O Marie ! qu'il est grand ton bonheur,
tu le puises à la source même de la béatitude.
En te regardant, j'apprends plus sur Dieu
que dans tous les livres :
Celui que tu contemples à découvert est assurément
Joie, Beauté, Amour, Grandeur !

LOUANGE AU DIEU DE LUMIÈRE

Alors que la nature entre dans le repos du soir,
comment ne pas prêter attention à Celui qui l'a faite
si belle et si riche! Comment ne pas nous émerveiller et de la Création et de son Seigneur! Je veux unir
ma voix à celle des psalmistes qui se laissaient éblouir
par la splendeur de Dieu [1].

*
* *

Mon âme, bénis le Seigneur, il est si grand,
vêtu de faste et d'éclat,
drapé de lumière comme d'un manteau.
Bénis le Seigneur, mon âme,
n'oublie aucun de ses hauts faits.

Il a dit: Que la lumière soit, et la lumière fut;
et il vit que cela était bon.
Il a déployé les cieux
dans leur splendeur et majesté,
y plaçant soleil et lune
et tous les astres de lumière.

Le soleil en parcourant le ciel proclame:
quelle merveille que l'œuvre du Très-Haut!

---

1. Cette prière est tissée entièrement de versets bibliques.

La lumière des astres fait la beauté du ciel,
ils éclairent avec éclat les hauteurs du Seigneur;
devant lui tout l'Univers se prosterne,
il le chante, il chante pour son Nom.

Le Seigneur envoie la lumière, aussitôt elle part,
et elle revient vers lui lorsqu'il la rappelle.
Les étoiles à leur poste sont toutes joyeuses,
elles brillent avec joie pour leur Auteur.
Les œuvres du Seigneur sont faste et splendeur,
dans son Univers, tout est puissance et beauté.

Que de merveilles le Seigneur a faites pour nous,
il en est trop pour les dénombrer.
De ses mains il a tendu les cieux,
et formé la terre par sa puissance;
il a posé des limites à la mer,
c'est lui qui fait mugir ses flots.

C'est le Seigneur qui a fait la lumière
et qui a créé le bonheur.
Qui regarde vers lui resplendira,
son visage sera dans la joie.
Acclamez vous tous qui l'aimez,
rendez-lui sa louange de gloire.

DIEU M'A ATTENDU

Joie...
Dieu m'a attendu,
et pour ce temps d'oraison,
je suis en sa présence.

Il est le Père qui m'engendre à la vie,
qui me veut...
Il me voit, et à ce moment même
désire que je lève les yeux vers lui;
nos regards se rencontrent, émouvant...

Je vaux pour lui plus que tous les passereaux;
il connaît le nombre de mes cheveux,
aucun ne tombe sans qu'il le sache.

Dieu a attendu cette heure vespérale de prière
où il peut plonger ses yeux dans les miens.
Je suis son enfant, aimé comme tel,
et son désir est que je découvre sa présence,
son visage penché vers le mien.

Je ne suis que par lui, que parce qu'il m'a voulu,
et maintenant je vis ce moment, attendu par lui,
où il peut se dire à moi,
partager ce qu'il a en propre.

Que je me laisse saisir par mon Dieu
et par son amour!

LA VISION QUI NOUS ATTEND

La prière de chaque soir, aisée ou non,
me permet de découvrir Dieu,
de me familiariser avec lui,
de lui dire mon amour
alors que je ne le vois pas encore,
lui dont la vision sera joie suprême.
Car un jour sa face nous sera dévoilée :
sujet d'émerveillement pour ceux
qui l'ont aimé dans la foi
et qui ont soupiré après lui,
désiré le contempler.

*« Nous verrons Dieu ! nous le verrons !
O mes frères ! y avez-vous jamais pensé ?
nous le verrons... »* (J.-M. Vianney)

Notre désir sera comblé, par Dieu même.
Car nous le verrons vraiment,
nos yeux découvrirons sa face douce et lumineuse,
nous en serons éblouis, comme les apôtres
sur le mont Thabor ou le soir de Pâques,
ou comme Moïse sur le Sinaï.

Dieu sera là comme à portée de main...
Ce qu'Il est, sa densité d'être,
sa richesse de vie, nous le connaîtrons.
Nous saurons son secret,
sa passion pour nous.
Il se montrera à nos yeux

comme un confident qui s'ouvre
à son ami et ne lui cache rien.

Oui, «nous verrons Dieu!
Nous le verrons face à face, tout de bon!
nous le verrons tel qu'il est!»
Ce que dans l'oraison est obscur et laborieux
sera clarté et joie;
nous saurons combien nous sommes aimés!

Il me semble déjà entendre la parole:
Entre dans la joie de ton Seigneur.
Et cela m'invite
à lui être fidèle jusqu'au bout,
à vivre son Evangile et ses exigences,
à l'étendre en mon cœur et dans le monde.
Quelle joie de rencontrer la face
de Celui qu'on aime tant!

TABLE DES MATIÈRES

A TA SUITE SEIGNEUR

NOUS SOMMES AIMÉS

AVEC LE CHRIST EN DIEU

DEVANT DIEU QUI SE FAIT CONNAÎTRE

Imprimerie Saint-Paul, 55000 Bar le Duc
Dépôt légal: août 1986 — ISBN 2-85049-354-6 — N° 6-86-472